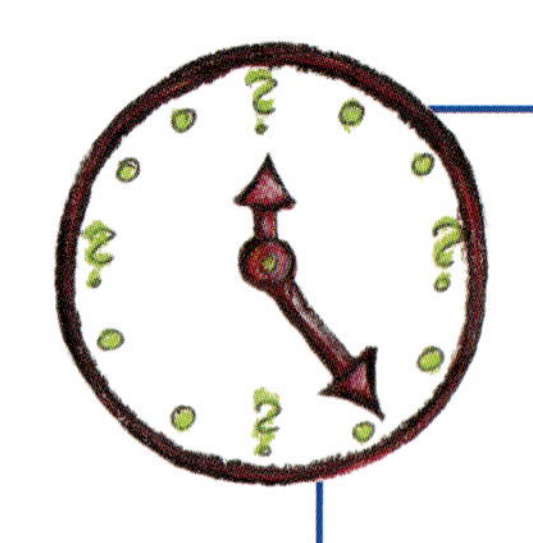

Zahlenwelt

… wenn es keine Zahlen gäbe

Eine Welt mit Zahlen

Zahlen von 1 bis 10

Mit allen Sinnen

Zahlen fühlen

Zahlen hören

Zahlen malen und entdecken

Bezahlen

Wiegen und messen

Spiel- und Bastelspaß

Großes Zahlenposter:

Zahlen-Zauber-Schloss

spielen und lernen

Zahlen-Zauber-Spaß

Martha Steinmeyer
Antje Bohnstedt

Zahlenwelt

Stell dir vor, was wäre, wenn es keine Zahlen gäbe.

- Du weißt nicht, wie alt du bist und wann dein Geburtstag ist.
- Du kannst nicht sagen, wie viele Beine eine Kuh, ein Papagei, eine Spinne hat.

- Du kannst die Punkte des Marienkäfers nicht zählen.
- Du weißt nicht, wie weit du springen kannst.

- Du kannst nicht sagen, wie viele Äpfel du schon mal hintereinander gegessen hast.
- Du kannst dich nicht wiegen.
- Du weißt nicht, wie oft die Kirchturmuhr schlägt.

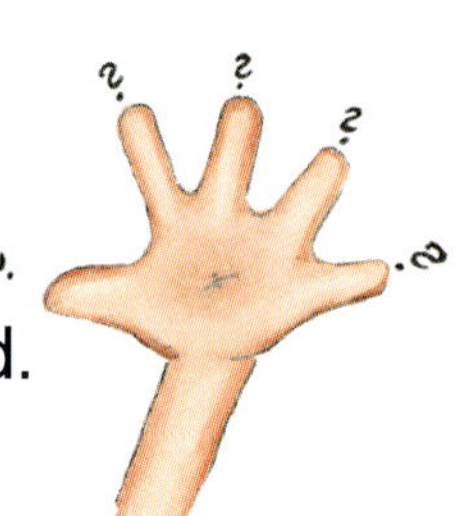

- Du weißt nicht, wie viele Finger an einer Hand sind.
- Das Neunauge heißt nicht Neunauge und der Tausendfüßler nicht Tausendfüßler.
- Deine Mama kann nicht schimpfen: „Das hab ich dir schon hundertmal gesagt!“

- Es gibt keine Weltrekorde.

- „Mensch, ärgere dich nicht“ kannst du nicht spielen und auch nicht „Elfer raus“.
- Züge, Busse und Straßenbahnen fahren, wie sie wollen.

- Es gibt keinen Kalender und keinen Adventskalender. Und auch nicht den ersten, zweiten, dritten, vierten Advent. Und keiner weiß, wann Weihnachten ist.
- Du weißt nicht, wie lange ihr in Ferien wart und wie weit weg.
- Keiner weiß, wie schnell ein Ferrari fährt.

- Du kannst nicht messen, wie viele Zentimeter du gewachsen bist.
- Du weißt nicht, wie groß du bist – und wie viel größer du bist als dein Freund.

- Es gibt keine Uhren. Und keine Termine beim Zahnarzt.
- Du kannst nicht pünktlich um 5 Uhr nach Hause kommen.

- Es gibt kein Geld – und auch kein Taschengeld!

Was wäre, wenn es keine Zahlen gäbe? Fällt dir noch mehr ein?

Eine Welt mit Zahlen!

Jn einer Welt mit Zahlen kann man vieles zählen. Aber nicht alles.

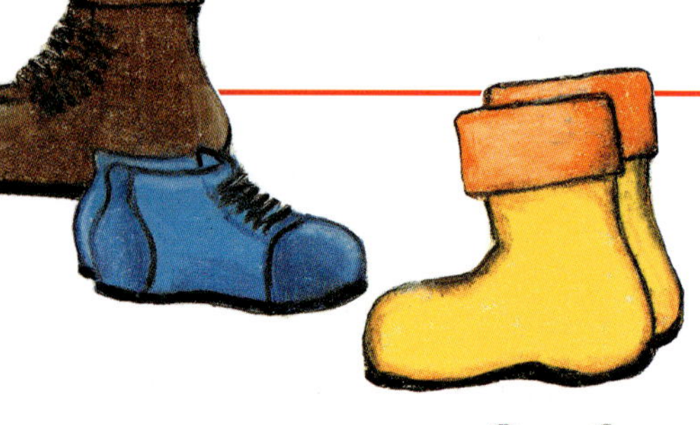

Das kannst du zählen:

Wie viele Schuhe du hast ...

Wie oft du schon am Strand warst ...

Wie viele Päckchen am Adventskalender hängen ...

Wie alt du bist ...

Wie viele Tage es bis zu deinem Geburtstag sind ...

Wie viele Freunde du hast ...

Wie viele Kastanien du gesammelt hast ...

Wie viele Nasen es in deiner Familie gibt ...

Wie viele Zähne ein Haifisch hat ...
Aber willst du das wirklich zählen?

Was kannst du noch zählen?

Das kannst du nicht zählen, weil es zu viele gibt:

Wie viele Haare du auf dem Kopf hast ...

Wie viele Fische sich im Meer tummeln ...

Wie viele Mäuschen in einem Jahr geboren werden ...

Wie viele Schmetterlinge auf der Erde herumschwirren ...

Wie viele stechende Jnsekten es gibt ...
Besser, du weißt es nicht.

Das kannst du nicht zählen, weil es nicht zählbar ist:

Wie groß dein Hunger ist ...

Wie lieb du einen Freund hast ...

Wie stolz du bist, wenn du etwas gelernt hast ...

Wie sehr du dich auf deinen Geburtstag freust ...

Wie sehr du dich manchmal ärgerst ...

Wie sehr eine Verletzung geschmerzt hat ...
Aber willst du dich daran wirklich erinnern?

Was kannst du auch nicht zählen?

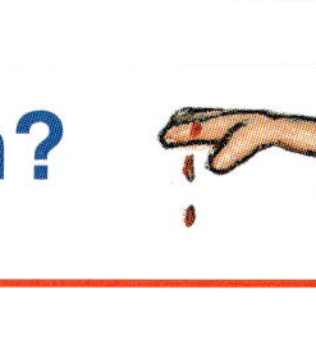

Meine wichtigsten Zahlen

Meine Telefonnummer:
So viele Haustiere habe ich:
So viele Freunde habe ich:

Überall auf der Welt lernen die Kinder zählen

So zählen Kinder in Jtalien:
Uno due tre quattro cinque …

So zählen Kinder in der Türkei:
Bir iki üc dört bes …

So zählen Kinder in Spanien:
Uno dos tres cuatro cinco …

So zählen Kinder in Serbokroatien:
Jedan dva tri cetiri pet

So zählen Kinder in England:
One two three four five …

So zählen Kinder in Frankreich:
Un deux trois quatre cinq …

Abzählverse

1, 2, 3, 4, 5, 6, 7, 8 –
hier wird keiner ausgelacht.
1, 2, 3, 4, 5, 6, 7, 8 –
hier wird keiner nachgemacht.
1, 2 , 3, 4, 5, 6, 7, 8 –
hier wird nicht länger
nachgedacht.
1, 2, 3 – du bist frei!

1, 2, 3 – einwandfrei!
4, 5, 6 – du bist die Hex'!

1 und 2 – Zauberei,
3 und 4 – Rabentier,
5 und 6 – böse Hex',
7 und 8 – Feennacht,
9 und 10 – du musst gehen!

1 und 2 und 3,
noch bist du nicht frei.
Frei bist du noch lange nicht,
sag mir erst, wie alt du bist.
„6!"
1, 2, 3, 4, 5, 6!
Damit ist genug gezählt,
du bist heute ausgewählt.

Ein Abzählvers aus Jtalien

Uno, due, tre –
la mia mamma
fa carote.
Via sei tu.

1, 2, 3 –
meine Mutter,
die kocht Rüben!
Weg bist du!

Ein Abzählvers aus der Türkei

Bir para,
iki para,
üc para,
dört para,
bes para,
alti para,
yedi para,
sekiz para,
dokuz para,
on para,
gözu kara.

Ein Geldstück,
zwei Geldstücke ...
zehn Geldstücke,
die Augen sind schwarz.

Manches gibt es nur 1 einziges Mal auf der Welt.

Es ist einmalig:

die Sonne

die chinesische Mauer

der Eiffelturm

der Mond …

Und auch DU bist einmalig auf der ganzen Welt!

Würfelspiel: 1 und steh!

Würfelt reihum. Wer eine 1 würfelt, muss sich in die Mitte stellen und auf 1 Bein stehen bleiben – bis der nächste Spieler eine 1 hat!

Hier kannst du ein Foto oder ein selbst gemaltes Bild von dir einkleben, weil DU einmalig bist auf der ganzen Welt.

Davon hab ich 1:

1 Nase, 1 Mund,

1 Kopf, fast kugelrund,

1 Hals und 1 Stirn,

1 Nacken und 1 Hirn.

1 Rücken zum Entzücken.

Und 1 Bauch hab´ ich auch.

Kling-Klang-Krach-Bumm-Lied

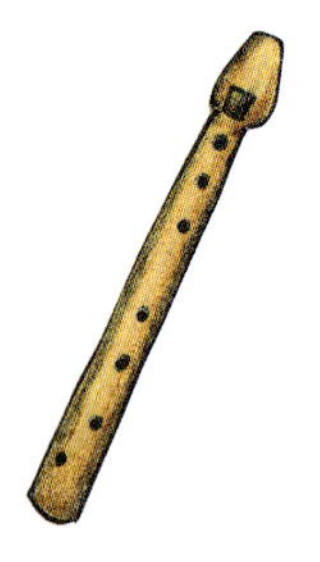

2 Clowns, die singen jetzt ihr Lied,
und wenn du Lust hast, sing gleich mit!
Kling-Klang-Krach-Bumm-Bumm,
Kling-Klang-Krach-Bumm-Bumm,
und alle singen mit.

2 Clowns, die summen ihren Song
und jeder spielt Akkordeon.
Kling-Klang ... und alle summen mit.

2 Trommeln, ja, das ist der Clou,
bedienen sie mit ihrem Schuh.
Kling-Klang ... und alle trommeln mit.

2 Rasselkränze um das Knie
begleiten ihre Melodie.
Kling-Klang ... und alle rasseln mit.

2 Pfeifen klingen ganz famos,
doch beide Clowns sind atemlos.
Kling-Klang ... und alle pfeifen mit.

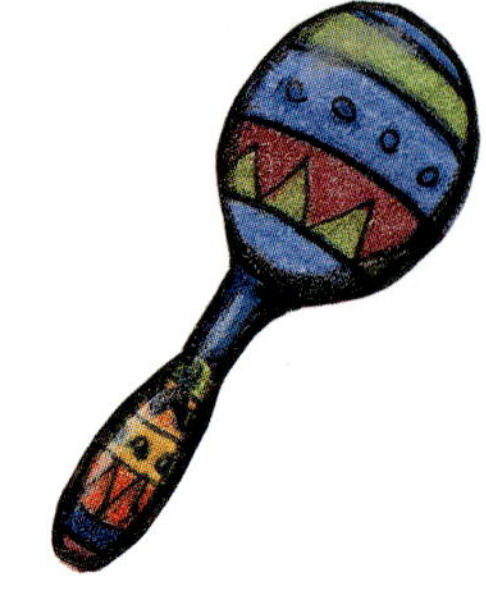

So spielen sie verrückt, verzückt
ihr Kling-Klang-Krach-Bumm-Meisterstück!
Kling-Klang ... und alle spielen mit.

Melodie: Ein Vogel wollte Hochzeit halten ...

Die Clownszwillinge
spielen genau die
gleichen Jnstrumente.
Gibt es wirklich jedes
Jnstrument zweimal
auf dem Bild?

Das Glückskäferchen

Das Marienkäferchen freute sich, als es drei anderen roten Käfern begegnete. „Jhr seht ja aus wie ich!“, rief es und überlegte, ob es wohl drei Freunde gefunden hatte.
Die drei Käfer krabbelten um den Marienkäfer herum und besahen ihn genau.
„Du siehst wirklich fast so aus wie ich“, sagte der erste Käfer. „Du hast einen schwarzen Kopf und rote Flügel. Aber du hast nur drei schwarze Punkte. Das heißt, du bist erst drei Jahre alt. Du bist ein Babykäfer. Jch habe sechs Punkte! Du bist zu jung, um mein Freund zu sein.“

Da duckte sich das kleine Käferchen ein wenig.
„Das stimmt nicht“, behauptete der zweite Käfer. „Die Punkte haben nichts mit dem Alter zu tun, sondern mit der Größe! Jch habe sieben Punkte!“ Stolz schlug er mit den Flügeln.
„Du Dreipunkt bist zu klein, um mein Freund zu sein.“
Das Käferchen duckte sich noch mehr und krabbelte rückwärts, damit die anderen die drei Punkte nicht so genau sehen konnten.
„Quatsch!“, rief der dritte Marienkäfer. „Die Punkte zeigen, wie gescheit man ist! Und ich, ich habe acht Punkte! Leider bist du mit deinen drei Punkten zu einfältig, um mein Freund zu sein!“
Der kleine Dreipunkt-Käfer krabbelte unter ein Blatt, wo ihn keiner mehr sah, und war ganz unglücklich.
Plötzlich landete ein hungriger

Vogel direkt neben den Käfern. Dreipunkt erkannte die Gefahr und hob das Blatt an, unter dem er sich versteckt hatte. „Schnell, kommt zu mir! Hier seid ihr in Sicherheit!“
Die Käfer liefen, so schnell sie konnten, und retteten sich unter das Blatt.

Als der Vogel weggeflogen war, lachte Dreipunkt. „Die drei Punkte auf meinem Rücken haben nichts mit Alter, Größe oder Klugheit zu tun“, erklärte er. „Jch habe drei Punkte, weil Drei eine Glückszahl ist. Jch bin ein Glückskäfer! Und ich bringe auch jedem Glück, der mein Freund sein will.“
Da freuten sich die drei Käfer, dass sie Dreipunkt getroffen hatten und dass er ihr Freund geworden war.

Würfelspiel: Glückskäfer würfeln

Jhr braucht:
1 Würfel und für jeden Spieler Stift und Papier

- Würfelt reihum.
Zuerst muss jeder eine 1 würfeln und einen Glückskäferbauch malen.

- Wer eine 6 würfelt, malt 6 Beinchen an den Glückskäferbauch.

- Wer eine 5 würfelt, malt den Glückskäferkopf.

- Bei einer 4 bekommt der Glückskäfer Fühler.

- Bei einer 2 bekommt er Augen.

- 3 bringt Glück! Jhr könnt aussuchen, welches Teil ihr malt.

Mein bester Freund

Wir beide mögen tausend Sachen:
toben, schmusen, Unsinn machen,
durch tiefe Wasserpfützen laufen,
ohne große Rücksicht raufen,
über nasse Wiesen rennen
und dann auf dem Sofa pennen,
Äpfel durch den Garten schmeißen,
sich vor Wut in was verbeißen.
Nur Knochen nagt mein Freund alleine.
Wer ist mein Freund? Er hat 4 Beine!

Was ist das?

Sie sind in deinem Schrank.
Sicher mehr als 4 Stück.
Jedes hat 4 Löcher
und ist doch nicht kaputt.
Du kannst in alle 4 Löcher hinein
und bist doch erst richtig drin,
wenn du aus allen 4 Löchern
wieder draußen bist.

Verrückte Vierbeiner

Hier sind 4 verrückte Vierbeiner! Kannst du erraten, aus welchen 4 Tieren sie zusammengesetzt sind? Und wie könnten sie heißen?

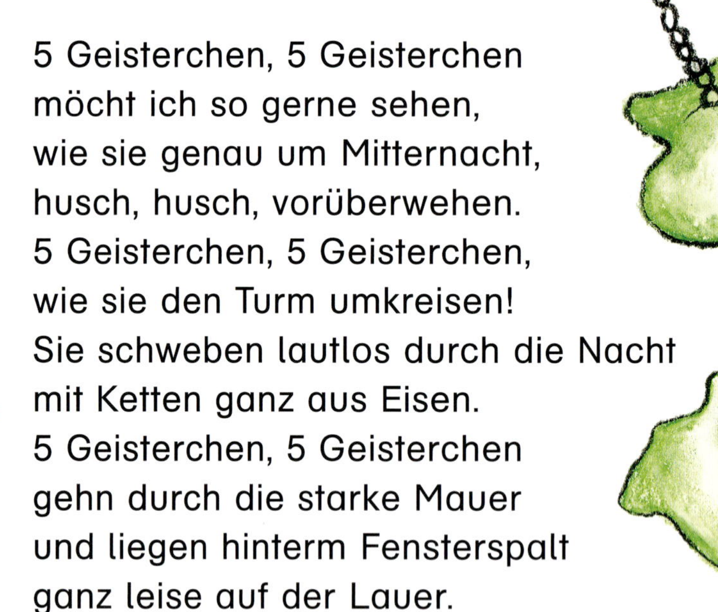

Mitternacht auf Burg Grauselstein

5 Geisterchen, 5 Geisterchen
möcht ich so gerne sehen,
wie sie genau um Mitternacht,
husch, husch, vorüberwehen.
5 Geisterchen, 5 Geisterchen,
wie sie den Turm umkreisen!
Sie schweben lautlos durch die Nacht
mit Ketten ganz aus Eisen.
5 Geisterchen, 5 Geisterchen
gehn durch die starke Mauer
und liegen hinterm Fensterspalt
ganz leise auf der Lauer.

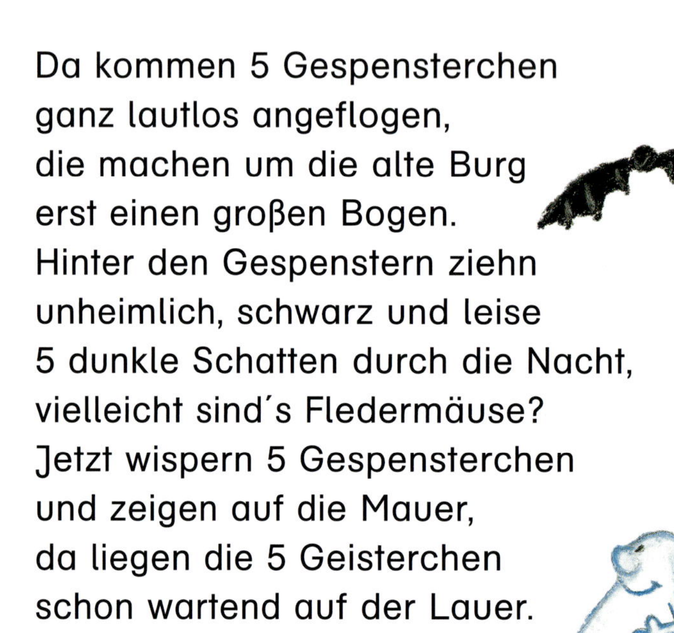

Da kommen 5 Gespensterchen
ganz lautlos angeflogen,
die machen um die alte Burg
erst einen großen Bogen.
Hinter den Gespenstern ziehn
unheimlich, schwarz und leise
5 dunkle Schatten durch die Nacht,
vielleicht sind´s Fledermäuse?
Jetzt wispern 5 Gespensterchen
und zeigen auf die Mauer,
da liegen die 5 Geisterchen
schon wartend auf der Lauer.

Die Uhr schlägt zwölf,
der Spuk geht los,
5 Flederflügel flattern,
5 grüne Blitze zucken auf,
5 Eisenkugeln rattern.
Jetzt kreischen 5 Gespensterchen,
es hallt durch 5 Gemächer,
Eisenketten rasseln laut,
Gelächter von den Dächern.
5 Augenpaare leuchten auf
und schrillste Töne schocken.
5 Geister? 5 Gespenster?
Wer hat sich mehr erschrocken?

Spiel: Gespensterchen wecken

Ein Spieler hat eine Taschenlampe. Die anderen spielen schlafende Gespenster.
Sie bekommen eine Zahl zugeteilt. Der Spieler mit der Lampe kann sie wecken: Er lässt kurz hintereinander Licht aufblitzen. Die Gespenster zählen mit. Bei 5 Blitzen erhebt sich das Gespenst 5, geistert heulend umher und streicht den anderen mit einem Tuch über die Köpfe. Dann übernimmt es die Taschenlampe.

Geisterstunde

Kannst du trotz der Dunkelheit
die 5 Geisterchen entdecken?
Die 5 Gespenster
und die 5 Fledermäuse?
5 Menschen, 5 Türme,
5 Blitze und 5 Eisenkugeln?

Der Firlefanz-Schimpansen-Tanz

Die Affen lauschen atemlos –
Musik erklingt! Und schon geht´s los.
Sie tanzen mit viel Eleganz
den Firlefanz-Schimpansen-Tanz.

Beginnen erst mit leichtem Schritt,
gehn 6-mal vor, 6-mal zurück.
Wie schnell die Affen 6-mal drehen!
6 Schritte auf den Händen gehen,
6-mal die Affenhälse recken,
6-mal die Affenzehen strecken,
6-mal in die Füße klatschen,
6-mal nach dem Nachbarn patschen,
6-mal stampfen auf der Stell´,
6-mal trommeln auf ihr Fell,
6-mal hoch zur Lampe springen,
6-mal bis zum Vorhang schwingen,
6-mal ohrbetäubend kreischen,
6-mal klatschen, Beifall heischen,
mit 6 Tellerchen jonglieren,
viele Scherben fabrizieren.

Doch plötzlich endet dummerweise
die Tanzmusik – es wird ganz leise.
Vorbei der ganze Firlefanz –
das war fürwahr ein Affentanz!

Affige Zahlen

Die Affen können mit ihren Körpern Zahlen bilden. Erkennst du die sechs Zahlen, die sie dir zeigen?

Versuch es doch auch einmal: Bilde mit deinem Körper eine Zahl. Wer kann sie erraten?

Würfelspiel der Affen

Affen können nicht ruhig sitzen. Sie sind ständig in Bewegung. Dieses Würfelspiel würde ihnen sicher gefallen! Gespielt wird mit zwei Würfeln: Auf einem sind normale Augen, auf dem anderen sind Bewegungen zu sehen. Ihr würfelt mit beiden Würfeln. Jetzt seht ihr, welche Turnübung ihr wie oft machen müsst!
Übrigens: Die Würfel findest du im Bastelteil.

7 Zwerge

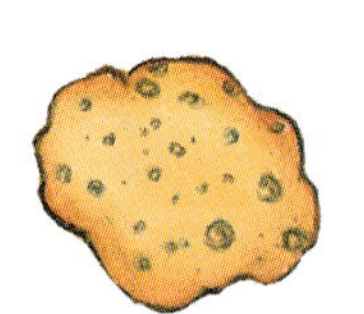

7 kleine Zwirgelzwerge
wohnen hinterm Gipfelberge,
haben 7 Becherlein,
haben 7 Tellerlein,
haben 7 kurze Betten
und 7 Zwergentoiletten.
Haben 7 Zipfelmützen,
rot wie ihre Beerengrützen.
Haben 7 grüne Jäckchen,
haben 7 volle Säckchen,
haben 7 Grubenflämmchen,
haben 7 kleine Kämmchen.
Und auch 7 nasse Schwämmchen
in den 7 Badewännchen.
Doch leider, leider – Donnerlittchen –
– haben sie bloß 1 Schneewittchen!

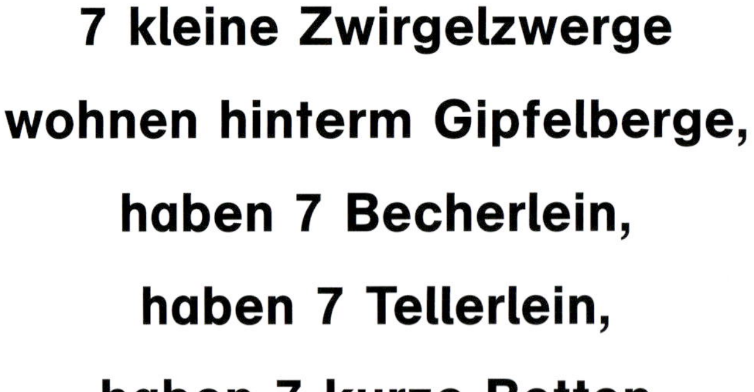

Findest du auf dem Bild alles wieder?

Glückspilz-Spiel

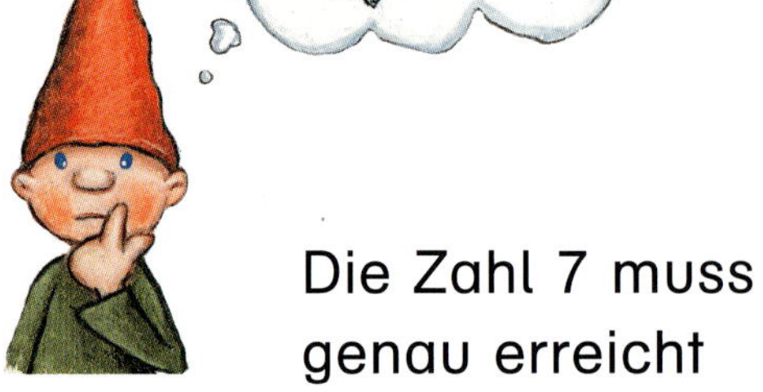

Wenn die 7 Zwerge vom Bergwerk nach Hause kommen, spielen sie Glückspilz.
Dazu brauchen sie Zettel und Stifte, einen Würfel und viele kleine Steinchen.
Zuerst malt jeder Zwerg einen Pilz auf sein Papier.
Sie würfeln reihum. Jeder darf so viele Steinchen als Glückspunkte auf seinen Pilz legen, wie der Würfel Augen zeigt. Ziel ist es, 7 Punkte auf dem Pilz zu platzieren – dann ist es ein Glückspilz.

Die Zahl 7 muss genau erreicht werden! Hat ein Zwerg beim ersten Durchgang eine 5 gewürfelt, bräuchte er eine 2. Würfelt er eine Zahl, die zu hoch ist, zum Beispiel 4, muss er 4 Steinchen von seinem Pilz herunternehmen.
Jn jeder Runde muss er neu rechnen: Was muss ich würfeln, damit mein Pilz 7 Glückspunkte hat?

Was man so sagt ...

Du bist ein Siebenschläfer!

Sie ist im 7. Himmel!

Du bist ein siebengescheites Kind!

Das ist ein Buch mit 7 Siegeln!

Er rennt wie mit Siebenmeilenstiefeln!

Pack deine 7 Sachen!

Zungenbrecher,
nicht nur für Zwerge:
7 süße Zwirgelzwerge
sieben 7 Schaufeln Sand.

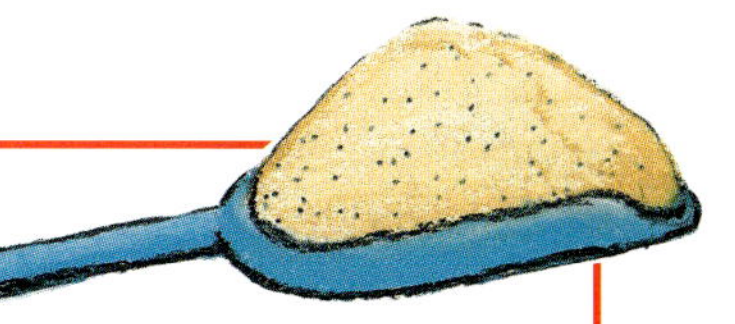

Zwergengeburtstag

Die 7 Zwerge haben Geburtstag! Es gibt 7 kleine Geburtstagstische. Darauf stehen 7 Geburtstagstorten. Schneewittchen will auf jede Torte 7 Kerzen stecken. Doch am Ende hat sie 4 Kerzen übrig!
Auf welchen Torten fehlen noch Kerzen? Hilfst du Schneewittchen beim Zählen?

Der geheimnisvolle Krachtel

Kr8el ist berühmt und berüchtigt. Er trägt eine ungewöhnliche Tr8: dunkle Hosen, eine n8blaue Jacke und einen schwarzen Pr8hut.
Kr8el ist in der N8 unterwegs. Meistens nach Mittern8.
Er lauert am Y8hafen und schleicht durch Pr8straßen.
Er geht ganz s8 und 8et auf alles ganz genau.
Gebäude betritt er mit Bed8, manchmal durch einen Sch8, manchmal durch ein offenes Fenster, selten durch die Tür. Kr8el gibt stets 8, dass er keinen Lärm m8, dass nichts knarrt und nichts kr8. Auf dem Rücken trägt er einen Sack, der ist leicht und leer zu Beginn der N8. Doch wenn Kr8el seine Arbeit gut m8, wird der Sack eine schwere, kostbare Fr8. Dann l8 Kr8el leise vor sich hin.
Er verfr8et die Beute an einen sicheren Ort. Das ist seine Höhle. Dort sammelt er pr8volle Sachen, betr8et sie lange und legt das Wertvollste in schöne Sch8eln.
Hast du Kr8els Beruf erraten?

Das Versteck des Räubers

Willst du wissen, wo sich der Räuber versteckt hält?
Jm Finsterwald? Mitten in der Stadt? Unter der Brücke am Fluss?
Oder hat er sich unter die Besucher im Zoo gemischt?
Oder ist er in seiner Höhle?
Die Zahlenzeichen führen dich zu seinem Versteck:
8 ⇨, 5 ⇩, 3 ⇦, 4 ⇧, 1 ⇦, 7 ⇩
Errätst du ihre Bedeutung?
Beginne beim roten Pfeil mit dem Zählen.

Jn der Räuberhöhle

Jn Kr8els Höhle sieht es aus!
Ob er alle seine Sachen wiederfindet?
Alle 8 Pistolen?
Alle 8 Säcke?
Alle 8 Ketten?
Alle 8 Ringe?
Alle 8 Lampen?
Alle 8 Flaschen Räuberwein?
Alle 8 Goldstücke?
Seine 8 karierten Halstücher?
Und auch seine 8 dicken Lieblingswürste?

Marsianer

Hast du schon einmal ein Marsmännchen gesehen?
Nach dieser Beschreibung kannst du es malen:

- Male zuerst einen hellgrünen Kopf und einen grünen Bauch.
- Male 9 lila Augen.
- Male 9 lange, spitze Ohren.
- Male 9 dünne Beine.
- Male 9 rote Ringelhaare auf dem Kopf.
- Male einen Rüssel mit 9 Nasenlöchern.
- Male 9 Arme.
- Male an jeden Arm eine Hand mit 9 Fingern!
- Male 9 braune Flecken auf seinen Bauch.

So. Jetzt weißt du, wie ein Marsianer aussieht.

Die Marsianer landen

Zwei Zeitungen bringen Bilder, die zeigen, wie Marsmenschen auf der Erde landen.

Die Bilder sind fast gleich. Aber wer genau hinschaut, findet 9 Unterschiede.

Wer landet zuerst auf dem Mars?

Jhr braucht:
Papier, 1 Stift, 2 Würfel, Knete

Jeder formt eine kleine Rakete aus Knete. Malt in die Mitte des Papiers den Mars und so viele Strahlen wie Mitspieler. Auf jeden Strahl kommen 6 kleine Striche. Setzt eure Raketen an die Enden der Strahlen. Dort ist der Start. Wenn eine Rakete eine hohe Geschwindigkeit erreicht, kann sie losfliegen. Jhr würfelt reihum mit zwei Würfeln. Jeder zählt die Augen beider Würfel zusammen. Ergeben sie 9 oder mehr, fliegt die Rakete auf die nächste Stufe. Wer betritt den Mars zuerst?

Zauberer Zehnurius

Zauberer Zehnurius war in der Stadt.
10 Sachen hat er verhext!
Findest du sie auf dem großen Bild?

Verzauberte Zahlen

Verflixt, verhext! Zahlen sind weg!
Einfach verschwunden.
Wetten, dass Zehnurius sie versteckt hat? Schau dir die Bilder und Wörter genau an. Findest du die verzauberten Zahlen?

Zweige

Yacht

Schachtel

Zehnkämpfer

Siebengebirge

10 schwarze Rabenkinder

10 schwarze Rabenkinder
flogen um die Scheun',
eines flog zum Fenster rein,
da waren´s nur noch 9.

9 schwarze Rabenkinder
sah man nicht bei Nacht,
eins blieb auch am Tag versteckt,
da waren´s nur noch 8.

8 schwarze Rabenkinder
zankten nach Belieben,
einem war das viel zu wild,
da waren´s nur noch 7.

7 schwarze Rabenkinder
schwärmten um die Hex´,
eines wollte bei ihr bleiben,
da waren´s nur noch 6.

6 schwarze Rabenkinder
flogen in die Sümpf´,
einem war´s zu gruselig,
da waren´s nur noch 5.

5 schwarze Rabenkinder
tranken Zauberbier,
eines wurde grün davon,
das waren´s nur noch 4.

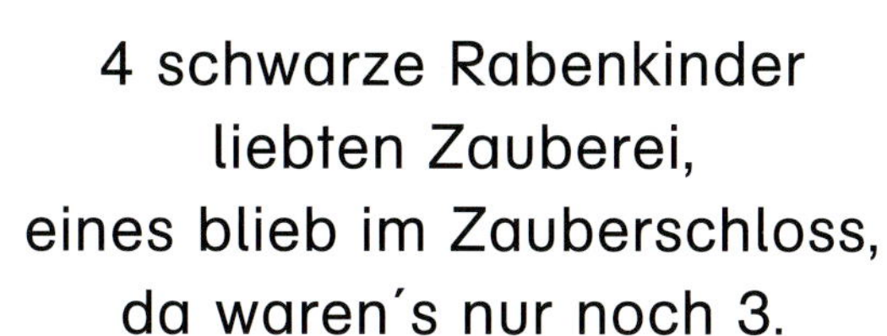

4 schwarze Rabenkinder
liebten Zauberei,
eines blieb im Zauberschloss,
da waren´s nur noch 3.

3 schwarze Rabenkinder
hörten einen Schrei,
eins hielt sich die Ohren zu,
da waren´s nur noch 2.

2 schwarze Rabenkinder
pickten Zaubermais,
einem tat das Bäuchlein weh,
da war es nur noch 1.

1 schwarzes Rabenkind
bat schnell drei Zauberfeen,
die sagten ihre Sprüche auf,
da waren´s wieder 10!

10 schwarze Rabenkinder
sind im Kuschelnest,
sie fliegen nicht, sie futtern nicht,
sie schlafen tief und fest.

Mit allen Sinnen

Zahlen fühlen

Zahlen fühlen und raten

- Ein Mitspieler dreht dir den Rücken zu: Du „schreibst" ihm mit einem Finger eine Zahl auf den Rücken. Errät er die Zahl, tauscht ihr die Rollen.
- Oder: Du malst ihm eine Zahl auf die Stirn, in die Handfläche, auf den Bauch. Am lustigsten und schwierigsten ist es, wenn du ihm die Zahl auf die Fußsohle schreibst!
- Oder, wenn ihr schon gut addieren könnt: Du schreibst deinem Partner eine Zahl auf den Rücken, machst eine kurze Pause und schreibst eine zweite Zahl. Er zählt beide Zahlen zusammen und nennt das Ergebnis.

Fühltelefon

Alle Spieler sitzen in einer Runde. Ein Spieler „schreibt" – für die anderen unsichtbar – seinem Nebensitzer eine Zahl auf den Rücken. Dieser steht auf und malt die Zahl seinem Nebenmann auf den Rücken. So wandert die Zahl im Kreis, bis sie wieder den ersten Spieler erreicht. Jst es die gleiche Zahl geblieben?

Fühlen und tippen

Du sitzt am Computer. Ein Mitspieler schreibt eine vierstellige Glückszahl auf einen Zettel. Es kann auch ein Geburtstag sein oder eine Jahreszahl. Er malt dir mit dem Finger die erste Ziffer auf den Rücken. Du suchst sie auf der Tastatur und tippst. So werden alle Ziffern weitergegeben – und dann die Zahlen auf dem Zettel und auf dem Bildschirm verglichen. Hast du richtig getippt?

Ein Streichelposter

Du brauchst:
1 Bogen Tonkarton und 10 Materialien, die sich verschieden anfühlen: Fell, raue Tapeten, Wellpappe, Stoffreste, Samt, Wolle, Schmirgelpapier, Naturpapiere, Glanzpapier ...

- Schneide aus jedem Material eine andere Zahl von 1 bis 10. Klebe alle Zahlen auf den Tonkarton. Schließe die Augen, gehe auf das Poster zu und taste die Zahlen ab. Fühlst und errätst du die kuschlige 2? Die raue 1?

- Du kannst auch eine große, dicke Zahl aufmalen und sie mit Papier- und Stoffstückchen ausfüllen.

Zahlen hören

Hörbingo

Jhr braucht:
Papier, Stifte,1 Trommel oder 1 Holzlöffel und 1 Topf.

Jeder Mitspieler malt sich ein Spielfeld mit 9 Kästchen. Jn jedes Kästchen schreibt ihr eine Zahl von 1 bis 9. Zahlen können doppelt vorkommen oder fehlen. Der Spielleiter gibt auf der Trommel eine bestimmte Anzahl von Schlägen vor. Jeder zählt mit und schaut, ob er die Zahl in eines der 9 Kästchen geschrieben hat. Dieses Kästchen malt er an. Danach schlägt der Spielleiter weiter auf seiner Trommel. Wer zuerst 3 Kästchen untereinander oder nebeneinander in einer Reihe oder auch schräg anmalen konnte, hat gewonnen und darf als Nächster trommeln.

Klopfgeist

Du brauchst:
1 große Schachtel, 1 Holzlöffel und mindestens 1 Mitspieler.

Einer von euch klettert in die Schachtel und spitzt die Ohren. Der andere klopft mit dem Holzlöffel laut und langsam auf die Schachtel. Kann der Spieler in der Schachtel die richtige Anzahl Schläge nennen, werden die Rollen getauscht.

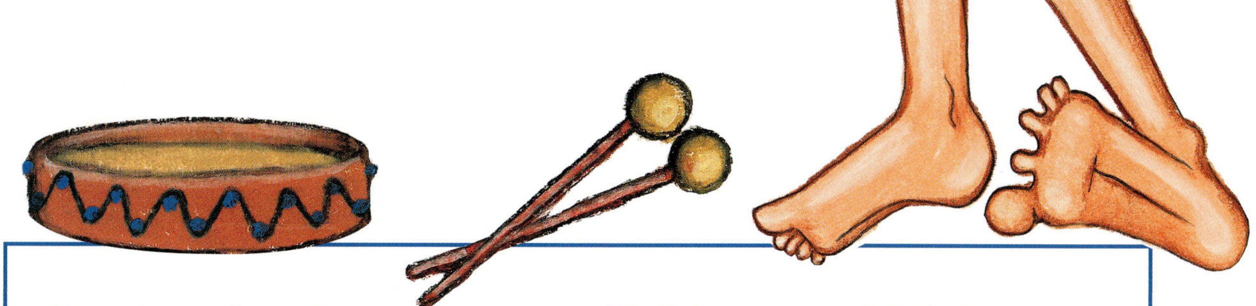

Paukorchester

Einer ist der Vorpauker.
Er gibt auf einer Trommel oder einem anderen Schlaginstrument eine beliebige Anzahl Schläge vor. Einer nach dem anderen ahmt die Schläge mit seinem Schlaginstrument nach und zählt dazu laut. Am Schluss wiederholt die ganze Gruppe das Zahlengetöse.

Zahlenschreier

Auf die Rückseite einer Tapetenbahn malt ihr Zahlen von 1 bis 12. Ein Spieler ruft schnell hintereinander Zahlen, der andere hüpft auf die passenden Felder. Tritt er aufs falsche Feld, wird gewechselt.

Zahlengeschichte

Der Spielleiter erzählt eine frei erfundene Geschichte. Wenn er bestimmte Zahlen nennt, muss jeder eine Bewegung dazu machen:
1 – auf 1 Bein stehen.
2 – mit beiden Augen blinzeln.
3 – 3-mal in die Luft hüpfen.
4 – alle viere von sich strecken.
5 – die 5 Finger einer Hand hochstrecken.
8 – den erhobenen Zeigefinger zeigen (gib Acht!)
10 – mit allen Zehen wackeln.
Wer die passende Bewegung nicht macht, muss ein Pfand abgeben.
Deshalb gut zuhören!

Zahlen malen und entdecken

Malen mit Zahlen

Mit Zahlen kann man nicht nur rechnen, sondern auch malen: Tiere zum Beispiel, Blumen, Bäume und Menschen. Findest du die Zahlen in diesen Bildern?

Zahlenborten

Mit Zahlen kann man auch die schönsten Borten malen. Welche Zahlen entdeckst du in den Borten auf diesen Seiten?

Zahlenblumen

Schau genau hin,
dann erkennst du,
dass jede Blüte
auf der Wiese
aus Zahlen
besteht.

Malspiel: Welche Zahl?

Alle Spieler sitzen um den Tisch und sind mit Papier und Malstiften ausgestattet. Jeder malt eine Zahl auf sein Blatt und gibt es an den rechten Nachbarn weiter. Der malt daraus ein Bild. Er kann dabei die Zahl auf die Seite drehen oder auf den Kopf stellen. Wer als Erster fertig ist, ruft: „Halt!“ Gemeinsam bestaunt man die Zahlenbilder. Könnt ihr erkennen, aus welcher Zahl sie entstanden sind?

Bezahlen

Als es noch kein Geld gab ...

Nur eine kleine ungeschickte Bewegung – und der Tontopf war kaputt. Die Frau des Fischers fing zu jammern an. Worin sollte sie nun kochen?

Als der Fischer nach Hause kam, ärgerte er sich zuerst. Aber zum Glück hatte er zwei Körbe voller Fische gefangen! „Einen Korb voll behalten wir, für den anderen bekomme ich hoffentlich einen neuen Tontopf", sagte er und ging geradewegs zum Töpfer.
„Jch brauche einen neuen Topf und habe dir dafür frischen Fisch mitgebracht", bot der Fischer an. Aber der Töpfer schüttelte den Kopf. „Jch brauche keinen Fisch. Hast du ein Fell? Das brauche ich, ich friere nachts."
Also ging der Fischer zum Jäger. „Gibst du mir ein Fell im Tausch gegen frische Fische?", fragte er.

Der Jäger schüttelte den Kopf: „Jch habe Fleisch in Massen, Fische brauche ich nicht. Aber den Korb, in dem die Fische liegen, könnte ich gebrauchen."
Jetzt schüttelte der Fischer den Kopf. Den Korb brauchte er selber. Schweren Schrittes machte er sich auf zum Korbmacher.
„Korbmacher, ich biete dir alle Fische. Gib mir dafür einen großen Korb", bat der Fischer.
„Jch brauche keine Fische",

erklärte der Korbmacher, „aber ich brauche einen scharfen Stein, um Reben zu schneiden."
Der Fischer seufzte. Das bedeutete eine lange Wanderung zum Bergmann! Und das mit den schweren Fischen!
Der Bergmann war hocherfreut: „Hier oben gibt es selten Fisch. Was willst du dafür haben?"
Der Fischer forderte einen scharfen Stein für den Korbmacher. Sie wurden sich einig und der Fischer machte sich auf den Rückweg. Jnzwischen hatte er mächtig Hunger. Doch er musste noch zum Korbmacher, den Stein gegen einen Korb eintauschen, zum Jäger, den Korb gegen ein Fell eintauschen und dann endlich zum Töpfer, wo er für das Fell den Tontopf bekam.
Wie würde sich seine Frau freuen! Zu seiner Überraschung saß sie vor der Hütte – mit einem neuen Tontopf! „Die Töpferfrau hat überraschend Besuch bekommen. Sie brauchte Fische. Jch habe unsere Fische gegen den Topf getauscht!", erklärte die Frau.
Wortlos vor Erschöpfung setzte sich der hungrige Fischer neben seine Frau. Da saßen sie mit zwei Töpfen – und hatten keinen einzigen Fisch mehr, den sie darin hätten kochen können!

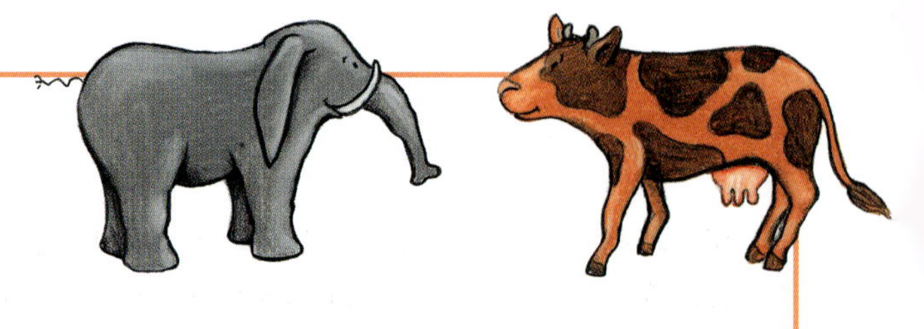

Hast du das gewusst?

Als das Geld noch nicht erfunden war, wurden Waren getauscht. Etwa eine Pfeilspitze gegen ein Fell. Oder ein Korb gegen zwei Hühner. Das war umständlich. Manche verderbliche Ware ging kaputt. Manchmal hatten die Dinge nicht denselben Wert und man musste sich auf Zugaben einigen. Dann setzte man Tiere als „Geld" ein. Eine Sklavin „kostete" beispielsweise 20 Ochsen. Wie unpraktisch, wenn Händler in ferne Länder reisten!
Die Tiere waren Geld, das gefüttert werden musste, das schwer und langsam war, das krank werden oder sterben konnte!
Jn Babylon und Ägypten kam man schließlich auf die Jdee, Metall zu schmelzen und in Klumpen zu gießen. Das war der Vorläufer des Münzgeldes.
Jn anderen Ländern gab es andere Jdeen: Speerspitzen, Messer oder Pfeile waren Zahlungsmittel, Muscheln oder Kaurischnecken, Zähne des Pottwals, fest gepresste Ziegel aus Teeblättern oder bestimmte Steine.

Was wäre, wenn ...

... es auch heute noch kein Geld gäbe und wir beim Einkaufen Waren tauschen müssten?

„Was kosten drei Kugeln Eis?“
„Eine Rennmaus.“

„Jch hab kein Kleingeld. Können Sie rausgeben?“

„Jetzt hab ich viel Kleingeld ...“

Der Bauchladen

Bastle aus einem Schuhkarton, einem Gürtel und Schnur einen Bauchladen.
Suche Waren. Was willst du verkaufen?
Selbst gemalte Bilder, Wildblumensträuße, Gebäck, Bonbons, Erdbeeren?
Male Preisschilder und bringe sie gut sichtbar an. Binde den leeren Bauchladen um.
Danach füllst du ihn.
Und jetzt kannst du verkaufen!

Wiegen und messen

Der Wal auf der Wippe

Einmal gerieten die Tiere in Streit, wer von ihnen am schwersten sei. „Jch bin es wahrscheinlich nicht“, vermutete der Kolibri. Und die Maus fiepste traurig: „Jch wohl auch nicht.“ Die Smaragdeidechse, das Spinnchen, das Tagpfauenauge und das Glühwürmchen gesellten sich wortlos zu ihnen. Aber der Hund und der Menschenaffe, das Nashorn, der Elefant und die Kuh, der Hahn und der alte Uhu stritten sich lauthals. Jedes wollte das allerallerschwerste Tier auf der ganzen weiten Welt sein. Nach langem Zetern und Streiten bauten sie eine Wippe.
Dann setzte sich der Hund auf die eine Seite und die Kuh auf die andere Seite.
„Wer nach oben wippt, hat verloren“, erklärte der Uhu.
Die Kuh blieb am Boden, der Hund schnellte in die Höhe.
Er war viel leichter als die Kuh.
Dann stiegen der Affe und der Hahn auf die Wippe. Jetzt musste der Hahn einsehen, dass er nicht

das schwerste Tier der Welt war. Danach wippte der Menschenaffe den Hund nach oben. Beim Nashorn und dem Elefanten konnte sich die Wippe lange nicht entscheiden. Dann siegte der Elefant. „Nun sind der Elefant und ich dran“, verkündete der Uhu und flog auf die Wippe. Der Elefant setzte sich auf die andere Seite – der Uhu sauste in die Höhe.
Da trompetete der Elefant laut in die weite Welt hinaus, dass er das allerallerschwerste Tier sei.
Der Uhu aber gönnte ihm den Sieg nicht. Er dachte angestrengt nach. „Wir haben die Meere vergessen“, sagte er, „vielleicht lebt da ein noch schwereres Tier.“
Und tatsächlich – im Meer entdeckten sie ein riesenhaftes Tier: einen Blauwal! Er legte sich auf die eine Seite der Wippe – und der Elefant stieg auf das andere Ende. Die Wippe rührte sich nicht.

Der Elefant machte sich schwer und hopste auf und ab. Die Wippe zitterte nicht mal, so schwer war der Blauwal.

Da musste der Elefant zugeben, dass der Blauwal das schwerste Tier weit und breit war. Und enttäuscht lief er davon.
Doch als der Blauwal ihn nicht mehr hören konnte, trompetete der Elefant laut: „Jch bin das allerallerschwerste Tier auf der ganzen weiten Welt, das über Land gehen kann!“ Und damit war er sehr zufrieden.

Wie schwer ist ein Blauwal?

Auf der einen Seite der Wippe müssten 30 Elefanten stehen, um den Blauwal aufzuwiegen! Oder 200 Kühe! Oder 1600 von uns leichten Menschen!

Gewichtsketten

Stell dich auf die Waage.
Wie viele Kilo wiegst du?
Du kannst eine Gewichtskette machen. Für jedes Kilo fädelst du eine Perle auf eine Schnur.

- Wiegst du auch deine Schwester? Dein Meerschweinchen? Deinen Hund? Hänge die Perlenschnüre nebeneinander auf. Jetzt siehst du, wie leicht dein Meerschweinchen ist.

- Wiege dich an deinem Geburtstag. Fädle eine Gewichtskette und lasse sie bis zum nächsten Geburtstag hängen. Dann wiegst du dich wieder. Wie viele Perlen musst du hinzufügen? Wie viele Kilo hast du zugenommen?

Wie wiegt man einen Hund?

Hast du schon mal versucht, einen Hund zu wiegen? Dann weißt du, wie schwer das ist. Er bleibt nämlich nicht auf der Waage stehen. Was kann man da machen? Warten, bis er schläft? Einen Zaun um die Waage bauen? Einfacher geht's mit einem Trick!

1. Du wiegst dich mit dem Hund auf dem Arm (z.B. 32 kg).
2. Du wiegst dich allein (z.B. 22 kg).
3. Du rechnest das Hundegewicht aus: euer gemeinsames Gewicht – dein Gewicht = das Hundegewicht (z.B. 32 kg – 22 kg = 10 kg)

Schokoladengewicht

Eine Tafel Schokolade wiegt so viel wie:

- 1 Vogelnest
- 2 Eier
- 5 Kaffeelöffel
- 2 saure Gurken
- 2 Fledermäuse
- 1 Handvoll Regenwürmer

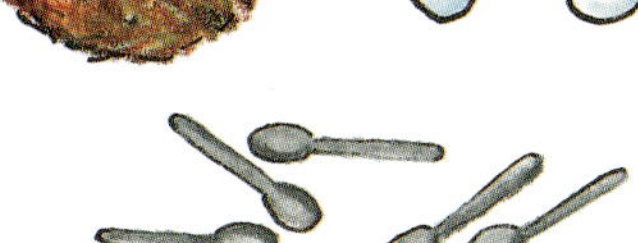

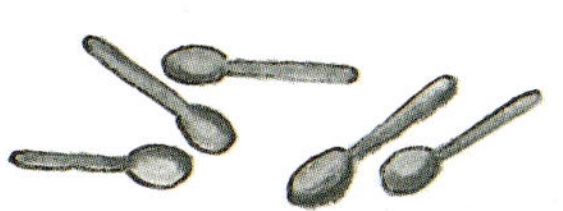

- Ein Eichhörnchen wiegt so viel wie 2 Tafeln Schokolade.
- Ein mittelgroßer Hund so viel wie 180 Tafeln Schokolade.
- Ein Hase so viel wie 25 Tafeln Schokolade.
- Ein Paket Zucker so viel wie 10 Tafeln Schokolade.
- Ein Pferdeapfel so viel wie 3 Tafeln Schokolade.

Wie groß ist ein Riese?

Es war einmal ein Rotkappenzwerg, der besaß den Mut eines Löwen. Eines Tages durchstreifte er den Grundelwald – und stolperte über einen Riesen!
Jeder Zwerg der Welt wäre schnurstracks-kehrum weggelaufen, nicht aber der Rotkappenzwerg mit dem Mut eines Löwen.
Vorsichtig ging er an dem schlafenden Riesen entlang, von den Füßen bis zum Kopf, besah ihn genau und zählte dabei jedes Schrittchen. Als er am Kopf ankam, gab der Riese einen so mächtigen Schnarcher von sich, dass sogar der Rotkappenzwerg erschrak und nach Hause rannte.
Wie staunten die anderen Zwerge, als er von seiner Entdeckung erzählte! Wie staunten sie, als er sagte, wie groß der Riese war: „123 Schrittchen! 123!“ Die meisten Zwerge konnten gar nicht bis 123 zählen.
Die Zwergenschar war mit dem Staunen und Wundern noch nicht fertig, als Grundelgram, der Zauberer, erschien.
„Jch habe einen Riesen entdeckt!“, brüllte er stolz. „Einen riesigen Riesen. Er misst 41 Zauberstäbe! 41! Das ist der längste Riese, der je entdeckt wurde. Und ich bin sein Entdecker!"
Der Rotkappenzwerg mit dem Mut eines Löwen widersprach: „Jch habe den längsten Riesen entdeckt. Er misst 123 Schritte. Das ist eine größere Zahl als 41!“
Bevor sich die beiden richtig streiten konnten, kam Qualmpus, der Drache, angeflogen. Glutfunken stoben aus seiner Nase. „Jhr glaubt nicht, was ich auf meinem Flug entdeckt habe! Einen Riesen! Einen riesigen Riesen! Der ist so lang wie drei meiner größten Feuerfontänen!“ Und er blies Feuerfontänen aus den Nasenlöchern, dass der Zwergenschar ganz heiß wurde.
Die Verwirrung wurde noch größer, als die Ameisenkönigin Termita herbeiwuselte und ihr

feines Stimmchen erhob: „Jn der tiefsten Tiefe des Grundelwaldes liegt ein Riese! 1001 Ameisen mussten sich in einer Reihe aufstellen vom Kopf bis zum Fuß des Riesen. 1001 Ameisen!"
Noch ein Riese!
Jetzt wurde gestritten im Grundelwald. Jeder behauptete, dass er den größten Riesen entdeckt habe. Laute Schreie tönten durch die Luft, dass es nur so schallte und hallte: „123!", „41!", „3"!, „1001!"
Am schwersten hatte es jetzt der uralte, weise Zwerg. Der sollte entscheiden, wer Recht hatte. Er rollte mit den Augen, zupfte an seinem Bart, ging auf und ab und verkündete schließlich: „Vielleicht habt ihr alle Recht. Vielleicht hat jeder richtig gemessen! Vielleicht sind es gar nicht vier Riesen. Vielleicht ist es ein und derselbe!"
Doch sicher war er sich nicht – und so stritten die anderen weiter, den ganzen Tag und die ganze Nacht, die ganze Woche und schließlich ein ganzes Jahr. Und wenn sie nicht gestorben sind, dann streiten sie noch heute.

Hast du das gewusst?

Früher gab es keine Meterstäbe. Alles wurde in „Fuß“ gemessen.
Blöd war nur, dass ein Fuß nicht überall gleich lang war.
Ein Fuß in Griechenland war länger als ein Fuß in England.
Deshalb beschloss man vor 200 Jahren in Frankreich, ein einheitliches Maß einzuführen: den „Meter“.
Ein Meter sollte in allen Ländern gleich lang sein.
Jn Frankreich gibt es ein Muster, das zeigt, wie lang so ein Meter ist.
Dieses Muster nennt man „Urmeter“.

Mach dir einen Fuß

- Stelle deinen Fuß auf festes Papier.
Umfahre die Form deines Fußes und schneide sie aus.
Stelle den Fuß deines Vaters auf das Papier und mache für ihn auch einen „Fuß“.
Vergleiche beide Messgeräte.
- Und jetzt wird gemessen!
Wie viel Fuß hat dein Bett?
Wie viel Fuß weit kannst du springen?
Wie viel Fuß misst eine Sonnenblume, dein Fahrrad, dein Teddy, deine Mama?
Dein Papa misst dieselben Dinge mit seinem „Fuß“.
Habt ihr die gleichen Ergebnisse?
- Jetzt nehmt ihr ein Metermaß und messt noch mal.
- Und nun kannst du dich abmessen!

So lang sind meine Haare
So lang ist meine Nase
So breit ist mein Mund
So breit kann ich den Mund ziehen
So dick sind meine Hand-gelenke
So lang ist der Daumen
So klein ist mein Bauchnabel
So dick ist mein Kopf
So lang sind meine Ohren
So breit sind meine Schultern
So stark sind meine Oberarme
So stark sind sie, wenn ich Muskeln zeige
So dick ist mein Bauch
So lang ist der kleine Finger
So dick kann ich den Bauch rauslassen
So lang sind meine Füße

Auflösungen

Seite 16/17 Zwillingsclowns:
Die Clowns haben 2 Flöten, 2 Rasseln, 2 Akkordeons, 2 Trommeln, 2 Gitarren, 1 Trompete, 1 Pfeife.

Seite 20 Was ist das?
Pullover.

Seite 21 Verrückte Vierbeiner:
Links oben: Löwe, Schwein, Bär, Maus. Links unten: Nashorn, Eisbär, Schaf, Eichhörnchen. Rechts oben: Schlange, Hund, Pferd, Kuh. Rechts unten: Jgel, Zebra, Elefant, Biber.

Seite 31 Zwergengeburtstag:
Ganz hinten: 1 Kerze. Mitte rechts: 1 Kerze. Vorne rechts: 2 Kerzen.

Seite 33 Das Versteck des Räubers:
Jn der Räuberhöhle unten.

Seite 37 Marsianer landen:
Rechts fehlen: Sonne, Luke, Antenne, Marsmännchen am Fenster, Ringelhaar auf dem Kopf des Marsmännchens. Dazugekommen sind 2 Marsmännchen außerhalb. 2 Felder am Flugkörper haben andere Farben.

Seite 38 Zauberer Zehnurius:
Baum mit Gesicht und Armen, Mülleimer mit Schürze, Auto mit Stielauge, Schnecke mit Rädern, Auto mit Fuß, Ampel mit 4 Farben, grüner Hund, Frau mit Flügeln, Blume auf Dach, Katze mit Ringelschwanz.

Jmpressum
Zahlen-Zauber-Spaß

Text: Martha Steinmeyer
Jllustrationen: Antje Bohnstedt
Rabe Jakob: Jrmgard Eberhard
Layout: Anja Schmidt

Druck und Bindung: Eurografica, Jtalien

JSBN 3-89858-236-1

spielen
und lernen

Zahlen-Zauber-Spaß

Text und Ideen:
Martha Steinmeyer
Illustrationen:
Antje Bohnstedt
Rabe Jakob: Irmgard Eberhard

mit Jakob

oz
velber

Zahlen-Spiele

für 1 Spieler und mehr **ab 2 Spielern** **ab 3 Spielern**

Zahlen-Memospiel

Alle Zahlen-, Augen- und Mengenkärtchen werden verdeckt ausgelegt. Reihum deckt jeder je ein Kärtchen mit Wellen-, Punkte- und Jakob-Rücken auf. Alle merken sich die Karten. Sie werden wieder umgedreht, bevor der Nächste dran ist. Wer drei Kärtchen findet, die zusammengehören, darf sie behalten und noch einen Versuch machen. Wer hat am Schluss die meisten Kärtchen?

1 – 2 – 3

Die Spieler sitzen im Kreis. In der Mitte liegen Löffel, und zwar einer weniger als Mitspieler. Jeder wählt ein Zahlenkärtchen und das passende Augen- und Mengenkärtchen aus. Diese Karten werden verdeckt gemischt. Der Spielleiter teilt jedem drei Karten aus. Das Ziel ist nun, drei passende Karten zu sammeln. Jeder legt eine Karte, die er nicht braucht, verdeckt vor sich. Auf das Kommando „1 – 2 – 3" gibt man diese Karten weiter, prüft die neuen Karten, scheidet wieder eine aus und gibt sie auf Kommando weiter. Das muss schnell gehen!
Wer drei passende Karten hat, legt sie auf den Tisch und greift nach einem Löffel. Die anderen versuchen, auch einen zu ergattern. Wer leer ausgeht, verteilt die Karten neu.

Rechen-Orakel

Die Zahlenkärtchen werden in einem Kreis ausgelegt, die Augenkärtchen in einem zweiten. In die Mitte kommt je eine Flasche. Beide Flaschen werden gedreht: Sie zeigen auf eine Zahl und auf eine Augenzahl.
Nun wird es spannend: Die Plus-Minus-Scheibe wird geworfen. Bei + wird beides zusammengezählt, bei – wird die kleinere Zahl von der größeren abgezogen.
Wer als Erster das Ergebnis weiß, dreht beim nächsten Mal die Flaschen und wirft die schwarze Scheibe.

Zahlenkneter

Die Zahlenkärtchen verdeckt auslegen. Reihum nimmt ein Spieler nach dem anderen ein Kärtchen, sieht es heimlich an und legt es verdeckt auf den Tisch. Er formt mit Knetmasse die entsprechende Zahl. Der Spieler, der sie zuerst errät, bekommt ein Streichholz. Ebenso der Kneter, weil er die Ziffer gut geformt hat. Nennt jemand eine falsche Zahl, muss er ein Streichholz abgeben. Wer zuerst fünf Streichhölzer hat, hat gewonnen.

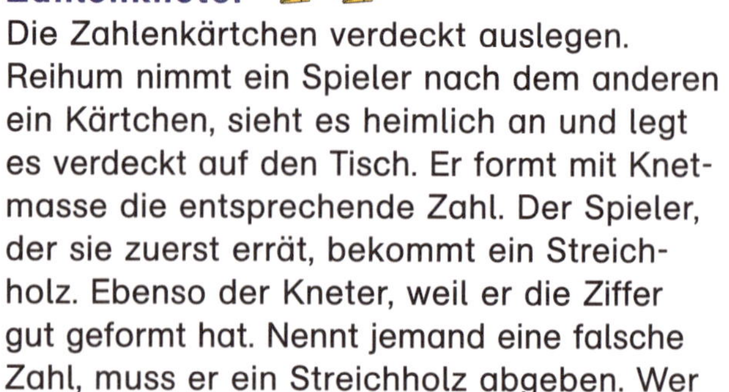

Rückenschreiben

Die Augen- und Zahlenkärtchen werden verdeckt ausgelegt. Ein Spieler zieht verdeckt eine Karte. Ist es eine Zahlenkarte, malt er einem zweiten Spieler diese Zahl auf den Rücken. Zieht er eine Punktekarte, tickt er ihn mit dem Finger entsprechend oft an. Wird die richtige Zahl erraten?

Zahlenkärtchen und Augenkärtchen

Mengenkärtchen

Kästchen für Karten

hier falten

hier schneiden

hier kleben

hier das nächste Blatt des Posters ankleben

hier das nächste Blatt des Posters ankleben
44
43
42
41
40
39
38
37
36
35

hier das nächste Blatt des Posters ankleben

hier das nächste Blatt des Posters ankleben
82
81
80
79
78
77
76
75

Zahlen-Zauber-Schloss

92
91
90
89
88
87
86
85
84
83

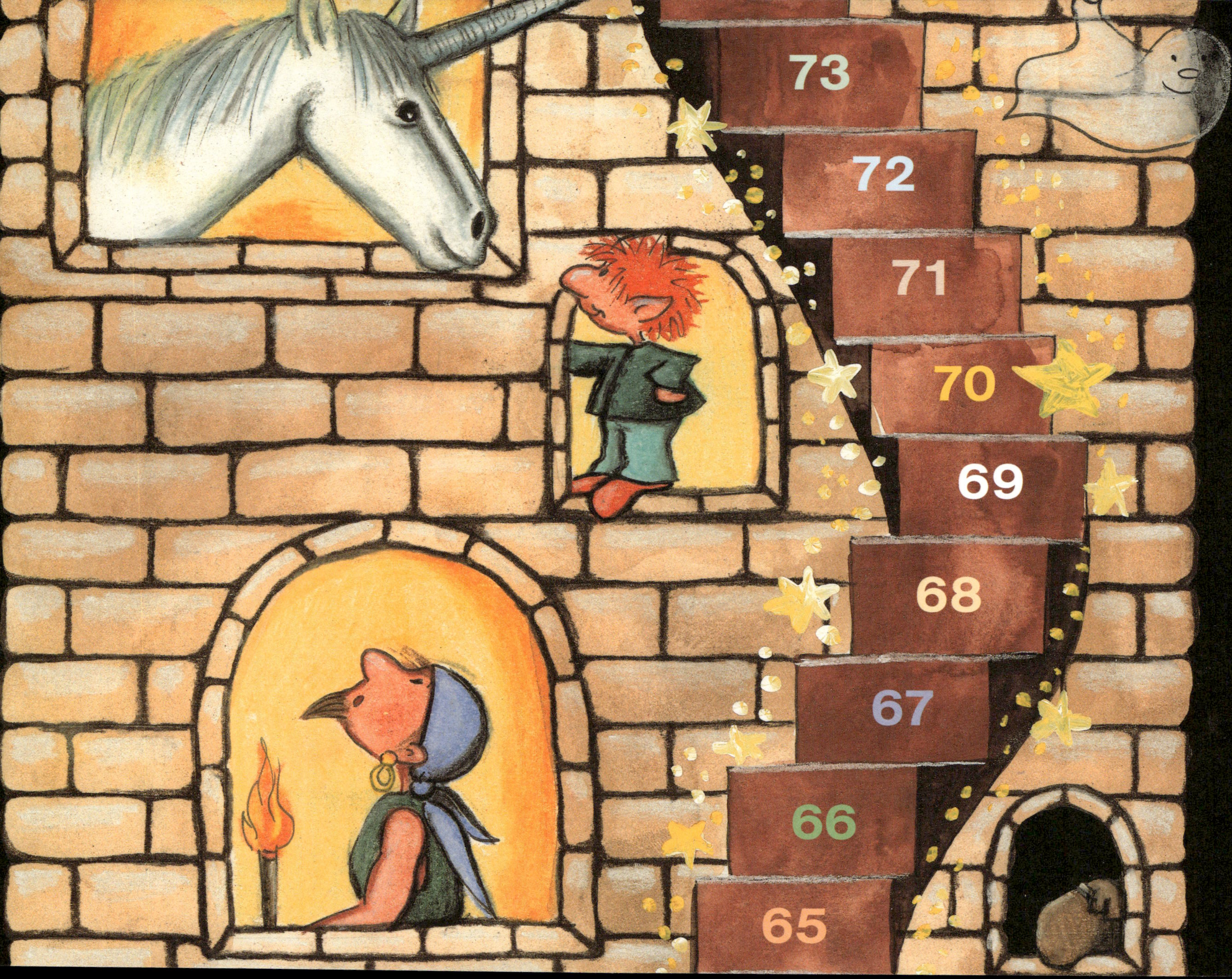
73
72
71
70
69
68
67
66
65

54
53
52
51
50
49
48
47
46
45

34
33
32
31
30
29
28
27
26
25
24
23

1
2
3
4
5
6
7
8
9
10
11
12

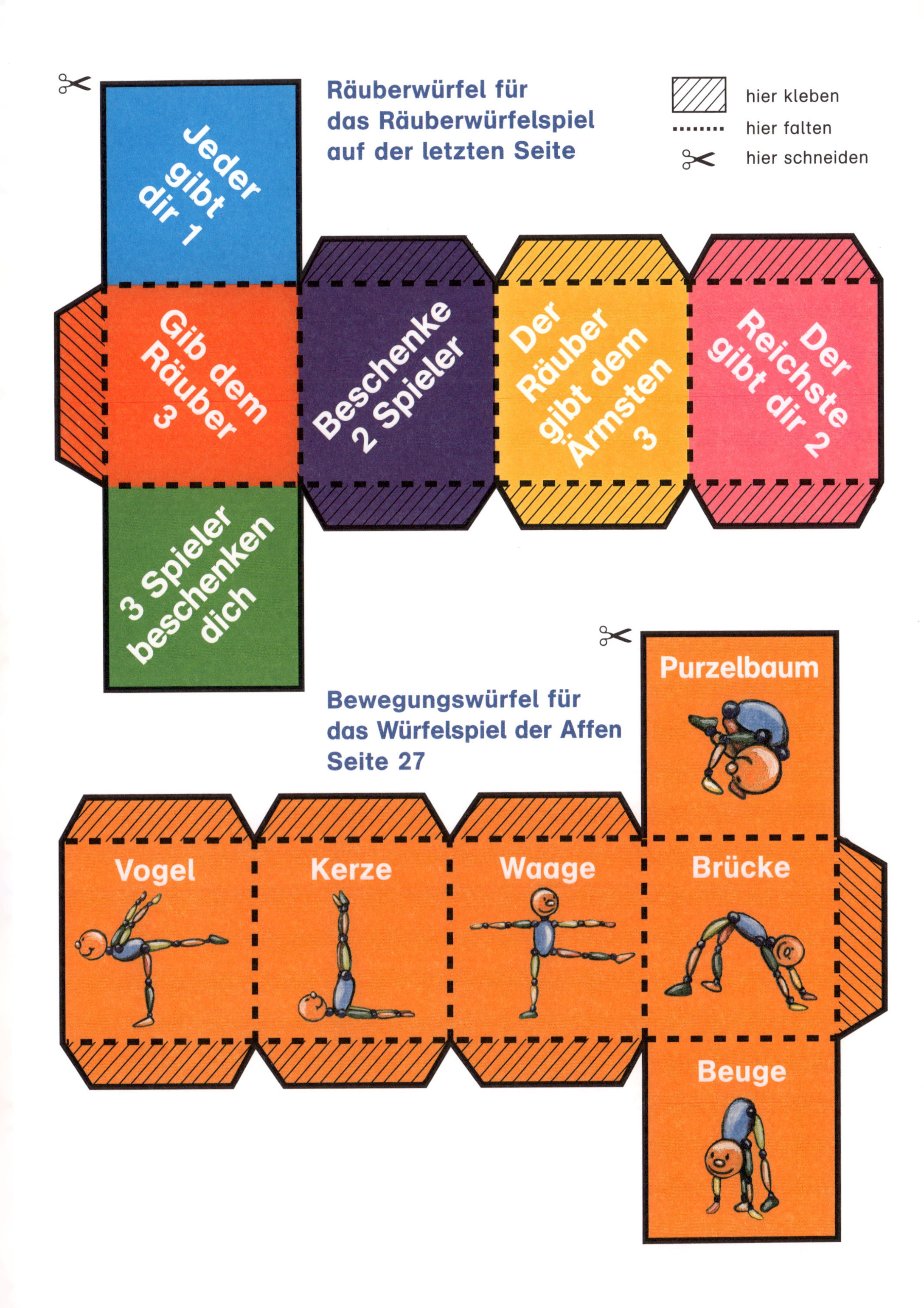

Räuberwürfel für
das Räuberwürfelspiel
auf der letzten Seite
hier kleben
hier falten
hier schneiden
Jeder gibt dir 1
Gib dem Räuber 3
Beschenke 2 Spieler
Der Räuber gibt dem Ärmsten 3
Der Reichste gibt dir 2
3 Spieler beschenken dich
Bewegungswürfel für
das Würfelspiel der Affen
Seite 27
Purzelbaum
Vogel
Kerze
Waage
Brücke
Beuge

Plus-Minus-Scheibe
für das
Rechen-Orakel
+
Räuber für das
Räuberwürfelspiel
auf der letzten Seite